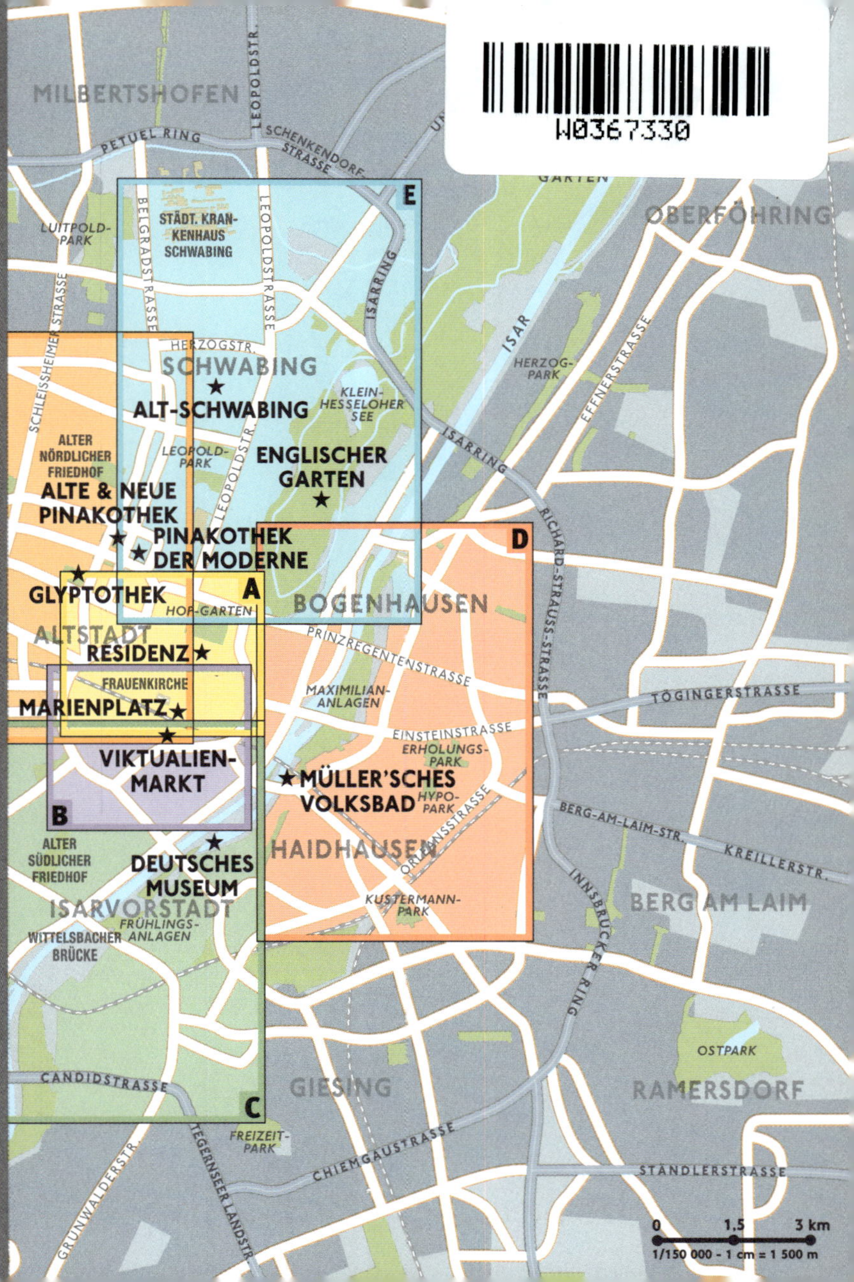

MILBERTSHOFEN
PETUEL RING
LEOPOLDSTR.
SCHENKENDORF-STRASSE
OBERFÖHRING
LUITPOLD-PARK
BELGRADSTRASSE
STÄDT. KRAN-KENHAUS SCHWABING
LEOPOLDSTRASSE
E
ISARRING
ISAR
SCHLEISSHEIMER STRASSE
HERZOGSTR.
SCHWABING
ALT-SCHWABING
KLEIN-HESSELOHER SEE
HERZOG-PARK
EFFNERSTRASSE
ALTER NÖRDLICHER FRIEDHOF
LEOPOLD-PARK
LEOPOLDSTR.
ENGLISCHER GARTEN
ISARRING
ALTE & NEUE PINAKOTHEK
PINAKOTHEK DER MODERNE
D
RICHARD-STRAUSS-STRASSE
GLYPTOTHEK
A
HOF-GARTEN
BOGENHAUSEN
ALTSTADT
RESIDENZ
PRINZREGENTENSTRASSE
FRAUENKIRCHE
MAXIMILIAN-ANLAGEN
TÖGINGERSTRASSE
MARIENPLATZ
EINSTEINSTRASSE
ERHOLUNGS-PARK
VIKTUALIEN-MARKT
MÜLLER'SCHES VOLKSBAD
HYPO-PARK
ORLEANSSTRASSE
BERG-AM-LAIM-STR.
KREILLERSTR.
B
ALTER SÜDLICHER FRIEDHOF
DEUTSCHES MUSEUM
HAIDHAUSEN
INNSBRUCKER RING
ISARVORSTADT
KUSTERMANN-PARK
BERG AM LAIM
FRÜHLINGS-ANLAGEN
WITTELSBACHER BRÜCKE
OSTPARK
CANDIDSTRASSE
GIESING
RAMERSDORF
C
FREIZEIT-PARK
CHIEMGAUSTRASSE
STÄNDLERSTRASSE
GRUNWALDERSTR.
TEGERNSEER LANDSTR.
0
1,5
3 km
1/150 000 - 1 cm = 1 500 m

ÉCHAPPÉES À MUNICH ET EN BAVIÈRE

Réductions
Tarifs réduits : enfants, familles, étudiants, seniors.

Photos
Flash interdit dans les musées et photo non autorisée dans les expositions temporaires.

Shopping

Rues commerçantes
Kaufinger Strasse (A C4), **Neuhauser Strasse (A** B3)
La mode internationale (H&M, Zara, etc.).
Hohenzollernstrasse, Leopoldstrasse (E B3)
La mode munichoise.
Türkenstrasse, Amalienstrasse (E A6), **Theresienstrasse (E** A5)
Antiquaires, librairies et petites galeries.
Theatinerstrasse (A D3), **Maffeistrasse (E** C3)
Magasins de luxe, bijouteries et traiteurs.

Grands magasins
Mode, alimentation, papeterie, électroménager...
Karstadt (E C3)
→ *Münchner Freiheit*
Galeria Kaufhof
→ *Marienplatz* **(B** D2)
→ *Rotkreuzplatz* **(F** A2)
→ *Karlsplatz* **(F** E4)

Marchés aux puces (Flohmarkt)
Antikpalast (D C6)
→ *Rosenheimer Strasse 143*
Ven.-sam. 10h-19h (18h sam.), dim. 11h-17h
Marché aux antiquités, dans une grande halle.
Zenith-Die Kulturhalle
→ *Lilienthalalle 29 (ligne U6 station Freimann)*
Jeu.-sam. 7h-18h (15h jeu.)

Munich autrement

En tramway
MVG (ou Spurwechsel)
→ *Tél. 21 91 22 68 (ou tél. 692 46 99)*
Visite guidée de la ville dans un vieux tramway. 50 min environ. Plusieurs départs par jour (depuis Sendlinger Tor).

En rickshaw
Rikscha-Mobil
→ *Tél. 24 21 68 80*
www.rikscha-mobil.de
Pour découvrir la ville les cheveux au vent et sans se fatiguer ! Les chauffeurs et leurs rickschaws, sortes de pousse-pousse jaune vif facilement repérables, attendent à Marienplatz. On peut aussi les appeler. À partir de 1,95€/pers.

Visites thématiques
Stattreisen München (C D2)
→ *Frauenlobstrasse 24*
Tél. 54 40 42 30
www.stadtfuehrung-muenchen.de
Une agence sérieuse pour plus de 70 visites thématiques : les différents quartiers, les mouvements artistiques, la musique classique, la bière, les fontaines, etc.

Échappées

En ville
Schloss Nymphenburg
→ *Tlj. 9h-18h (10h-16h oct.-mars)*
Château baroque (1674), ancienne résidence d'été des rois de Bavière. Magnifique parc, et un étonnant musée des Carrosses.
Olympiapark
Parc olympique bâti pour les Jeux de 1972 : sport et détente (piscine, lac, patinoire).

Aux portes de la ville
Schloss Schleissheim
→ *Accès S-Bahn (ligne S1, arrêt Oberschleissheim)*
Mar.-dim. 9h-18h (10h-16h oct.-mars)
Le Versailles munichois : grandiose Neues Schloss (1726) édifié par les Wittelsbach, et deux autres châteaux (XVIIe et XVIIIe s.) plus petits.
Dachau
→ *Accès S-Bahn (ligne S2, arrêt Dachau) puis bus 726*
Mar.-dim. 9h-17h
L'ancien camp de concentration. Un musée perpétue le souvenir.
Starnberger See
→ *Accès S-Bahn (ligne S6, arrêt Starnberg)*
Un lac au cœur de superbes paysages bavarois : baignade et promenades... Pour une journée au vert !

Excursions en Haute-Bavière
Les châteaux de Louis II
→ *100-120 km de Munich*
Train Munich-Füssen 2h
Le célèbre Neuschwanstein, palais de conte de fées. Deux autres châteaux à ne pas manquer : Linderhof et Hohenschwangau.

MARIENPLATZ

NEUES RATHAUS

ALTES RATHAUS

Cœur originel de la ville, et jadis rendez-vous des marchands de sel, le Marienplatz est aujourd'hui devenu un lieu chéri des touristes et des flâneurs. Dans Altstadt, la vieille ville rendue aux piétons, les grands magasins côtoient les splendeurs baroques du passé, l'éternelle Residenz des Wittelsbach toise les boutiques et cafés chic de l'Odeonsplatz... tandis qu'à l'est, dans l'animation des ruelles médiévales, retentissent les flonflons de la Hofbräuhaus, légendaire brasserie où la bière coule à flots depuis des siècles. Du haut de ses deux dômes, la Frauenkirche contemple avec sérénité le frénétique "Zentrum".

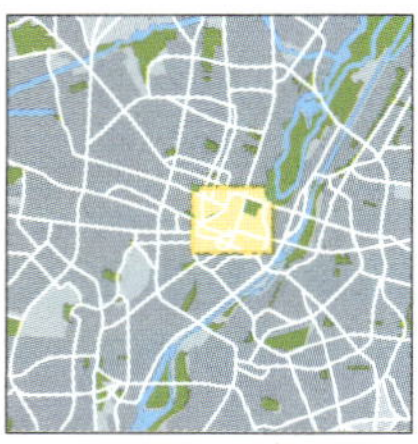

HOFBRÄUHAUS

ANDECHSER AM DOM

RESTAURANTS

Hofbräuhaus (A E4)
→ *Platzl 9*
Tél. 290 13 60 Tlj. 9h30-22h
Certainement la brasserie la plus célèbre du monde, fondée en 1589 (le breuvage était alors réservé aux souverains !). Un *must* à Munich, bien que la bière n'y soit plus brassée et qu'il y ait aujourd'hui plus de touristes que de Munichois. Hautes voûtes de pierre, tables rustiques en bois, orchestres de musique folklorique... et une cuisine typiquement bavaroise. Plat 6-12€.

Andechser am Dom (A D3)
→ *Weinstrasse 7a*
Tél. 29 84 81 Tlj. 10h-1h
Derrière la Frauenkirche, cette taverne traditionnelle sert de délicieuses saucisses et un étonnant *Leberkäse* (sorte de pâté à base de porc). L'*Andechser Gourmetteller*, assiette de spécialités locales, est un régal. À déguster avec une bière des Moines, brassée pour la maison. Plat 6,50-17,50€.

Shoya (A E4)
→ *Orlandostrasse 3*
Tél. 29 27 72 Tlj. 11h-22h30
Un minuscule restaurant japonais, dans la très animée Orlandostrasse. Sushis, sashimis et soupes succulentes, pour une pause entre deux bretzels. Autre adresse tout près, sur Platzl. Menu 10,50-24€.

Spatenhaus an der Oper (A D3)
→ *Residenzstrasse 12*
Tél. 290 70 60 Tlj. 11h30-0h
Le restaurant d'une autre illustre brasserie munichoise, Spaten. Cuisine bavaroise haut de gamme et plats très copieux : *Spanferkel* (cochon de lait) ou *Schweinebraten* (rôti de porc grillé) servis avec des *Knödel*, ces boulettes à base de pain ou de pommes de terre. Plat 11-28€.

Eisbach (A E3)
→ *Marstallplatz 3*
Tél. 22 80 16 80 Tlj. 10h-1h
Grandes baies vitrées, fauteuils en cuir et ambiance feutrée pour une clientèle tendance. Recettes inventives sur des mélanges sucré-salé. Menu midi 10,50€ ; plat 15-25€.

CAFÉS, BARS

Café Glockenspiel (A D4)
→ *Marienplatz 28*
Tél. 26 42 56

STYLES MUNICHOIS

Rococo (XVIIIe s.)
Forme exubérante du baroque. Ses grands maîtres : Cuvilliés et les frères Asam.
Asamkirche (B B2)
Néoclassicisme (XIXe s.)
Style inspiré de l'Antiquité. Son représentant : Leo von Klenze. **Glyptothek (F** E3)
Jugendstil (déb. XXe s.)
Courant germanique de l'Art nouveau. Son promoteur : Franz von Stuck. **Villa Stuck (D** C2)
Blaue Reiter
Mouvement précurseur de l'art abstrait, fondé par Kandinsky et Marc en 1911. **Lenbachhaus (F** E3)

MARIENPLATZ

SCHLOSS NYMPHENBURG

SCHLOSSKANAL

Imbiss
Restauration rapide (stands, petites échoppes, traiteurs). Pour manger sur le pouce à tout moment de la journée : pizzas, kebabs, charcuterie, plats cuisinés... On en trouve beaucoup autour de Wedekindplatz (**E** C3), sous Karlsplatz (**A** A2) et sur Viktualienmarkt (**B** D2).
Brotzeit
Littéralement "l'heure du pain", le *Brotzeit*, pause casse-croûte prise à toute heure (souvent le matin vers 10h-11h) dans un *Imbiss* ou au *Biergarten* : un moment de détente pour avaler rapidement une saucisse ou un bretzel accompagné d'une bière.
Restaurants
Wirtshaus et *Gasthaus* sont des auberges traditionnelles, servant des plats bavarois. On s'y assoit à de grandes tables en bois.
Les restaurants classiques proposent une gastronomie locale et internationale, simple ou plus recherchée, ou des cuisines plus ou moins exotiques (française, indienne, est-asiatique, italienne, turque, etc.), très à la mode.
À savoir
Cartes de crédit peu acceptées.
Restaurants souvent bondés le soir : réservation recommandée.
Pour les petits budgets, une solution intéressante : les menus du midi sont parfois 2 à 3 fois moins chers que le soir.
Pourboire
Service inclus partout, mais il est d'usage de donner un pourboire (10 à 15 %) en arrondissant la note au moment du règlement (ne pas laisser de monnaie sur la table).

SORTIES

Peu de boîtes de nuit mais beaucoup de cafés et de bars, où mixent parfois des DJ. Discothèques fréquentées surtout le w.-e. (entrée environ 8€, parfois gratuite). Certains jours en semaine, elles ouvrent vers 18h, pour les *after-work-parties*, où se retrouvent les Munichois après le travail !

CONCERTS, SPECTACLES

Programmes
München im...
Programme mensuel disponible à l'office de tourisme : tous les événements culturels, avec toutes les adresses (1,55€).
In München
Magazine bimensuel gratuit, distribué dans les cafés : programme des concerts, expositions, soirées, théâtre.
Billets
München ticket
→ *Tél. 0180 54 81 81 81*
Lun.-sam. 9h-20h (16h sam.), dim. 10h-16h
www.muenchenticket.de
Tickets pour toutes les manifestations se déroulant dans la ville. Guichet dans l'office de tourisme sur Marienplatz (**A** D3), au Gasteig (**D** B4) et à Hauptbahnhof (**F** D4).

MUSÉES

Dimanche 1€
Entrée à 1€ dans certains musées le dim. : Museum Brandhorst, Pinakothek der moderne, Neue et Alte Pinakothek, Staatliches Museum für Völkerkunde, Glyptothek, Staatliche Antikensammlungen, Münchner Stadtmuseum (gratuit), Bayerisches Nationalmuseum.

◄ Plan C

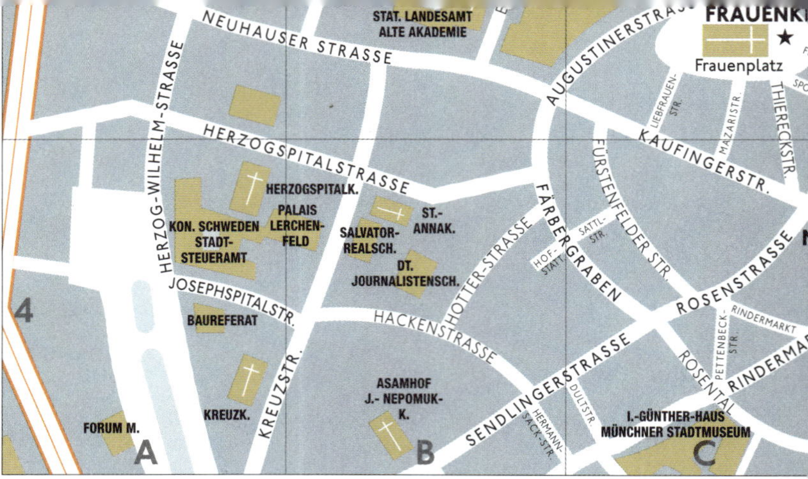

HOFGARTEN

SIEMENSFORUM

★ Marienplatz (A D4)
Le centre névralgique de la ville : grande place piétonne, rendez-vous des Munichois et lieu de rassemblements populaires, dont le célèbre marché de Noël. Au centre, la "Mariensäule", colonne de la Vierge érigée en 1638 pour protéger Munich des calamités. Et au nord-est, le "Fischbrunnen", ou fontaine aux Poissons, utilisée autrefois les jours de marché pour les garder vivants.

★ Neues Rathaus (A D4)
→ *Marienplatz 8 Tél. 233 00*
Beffroi *Tlj. 10h-19h*
L'un des édifices majeurs de la ville, immense palais néogothique dominant Marienplatz. La construction de cet hôtel de ville somptueux ne dura pas moins de 42 ans (1867 à 1909) ! Tous les jours à 11h et 12h (également en été à 17h et, en plus court, à 21h), les figurines de son carillon s'animent et jouent des scènes de l'histoire munichoise, dont la danse des tonneliers célébrant la fin de la peste de 1634. Belle vue sur la ville, du beffroi, haut de 85 m.

★ Altes Rathaus (A D4)
→ *Marienplatz 15 Tél. 29 40 01*
Musée *Tlj. 10h-17h30*
Un peu en retrait sur le Marienplatz, l'ancien hôtel de ville, adorable petit bâtiment gothique (fin du XVe s.). Il abrite aujourd'hui un musée du Jouet (Spielzeugmuseum) : petites voitures, dînettes, soldats de plomb, trains, ours en peluche, dont certains ont plus de 100 ans... On en trouve même un à l'effigie de la reine Élisabeth II !

★ Nationaltheater (A E3)
→ *Max-Joseph-Platz 2*
Tél. 21 85 19 20
Billetterie *Lun.-sam. 10h-19h*
Visite guidée *14h (certains jours seulement) www. bayerische.staatsoper.de*
Le Théâtre national et Opéra bavarois, imposant édifice de style classique (XIXe s.) construit sur le modèle d'un temple grec. Concerts, opéras, ballets de niveau international.

★ Residenz (A E2)
→ *Max-Joseph-Platz 3*
Tél. 29 06 71
Tlj. 9h-18h (10h-16h oct.-a
La résidence des ducs et rois de Bavière de 150 à 1918, extraordinaire condensé de styles architecturaux... et témoi de l'œuvre de la dynastie des Wittelsbach à travers les âges. Ses splendeurs l'Antiquarium, salle de b Renaissance à la magnifi voûte en berceau ; le Cuvilliéstheater,

BOSI

LODEN-FREY

DALLMAYR

Tlj. 10h-1h (19h dim.)
Au 5ᵉ étage d'un immeuble donnant sur le Marienplatz. D'un côté, une salle à la vue imprenable sur le Neues Rathaus, de l'autre, une agréable terrasse-véranda donnant sur les toits de la ville.

Oskar Maria im Literaturhaus (A D2)
→ *Salvatorplatz 1*
Tél. 29 19 60 29
Tlj. 10h-1h (19h dim.)
La respectable maison de la Littérature s'enorgueillit, entre autres, d'une galerie d'art, d'une librairie et de ce café immaculé aux voûtes immenses, repaire des intellectuels munichois. Presse nationale et étrangère.

Tambosi (A D1)
→ *Odeonsplatz 18*
Tél. 29 83 22 Tlj. 7h30-1h
Mezzanine intimiste aux fauteuils Louis XIV, terrasse sur l'Odeonsplatz ou petites tables dans les jardins du Hofgarten : pour boire un *latte macchiato*, boisson chaude préférée des Munichois.

Bar Centrale (A E4)
→ *Ledererstrasse 23*
Tél. 22 37 62
Lun.-sam. 7h30-1h, dim. 9h-1h
Un petit bar italien très simple, toujours bruyant et plein à craquer le soir. Dans la conviviale arrière-salle, les discussions se poursuivent jusque tard dans la nuit, au milieu d'un joyeux brouhaha.

CLUBS

The Atomic Café (A E3)
→ *Neuturmstrasse 5*
Tél. 228 30 54 Mar.-sam. 22h-3h (5h ven.-sam.)
www.atomic.de
L'un des meilleurs petits clubs de la ville, *hype* et vite bondé. Concerts et DJ en *live* : tendance indie-rock, hip-hop, new wave ou *sixties* revisitées selon les soirées...

P1 (A F1)
→ *Prinzregentenstrasse 1*
Tél. 211 11 40 Tlj. 21h-5h
www.p1-club.de
Dans les murs de la Haus der Kunst, la discothèque la plus connue de Munich et peut-être même de toute l'Allemagne. La clientèle, riche et célèbre, arrive en Porsche. Alors attention à l'entrée : sélection rigoureuse ! Au bar, l'épreuve devient périlleuse pour le portefeuille cette fois-ci ! La frime dans toute sa splendeur.

SHOPPING

Loden-Frey (A C3)
→ *Maffeistrasse 7*
Tél. 21 03 90
Lun.-sam. 10h-20h
Depuis 1842, une boutique de mode sur 6 étages, surtout appréciée pour ses fameux *Trachten*, les costumes bavarois, au 3ᵉ : robes traditionnelles (*Dirndl*), pantalons de cuir (*Lederhosen*), manteaux en laine (*Lodenmäntel*)...

Ludwig Beck (A D4)
→ *Marienplatz 11*
Tél. 23 69 10
Lun.-sam. 10h-20h
Un grand magasin sur 6 niveaux. Vêtements de toutes les marques et pour tous les goûts. Au dernier étage, un grand espace musique, où l'on peut écouter, assis, des CD avant de les acheter.

Dallmayr (A D3)
→ *Dienerstrasse 14/15*
Tél. 213 50
Lun.-sam. 9h30-20h
L'un des traiteurs les plus réputés de Munich, temple de l'épicerie fine : fromage, produits exotiques, charcuterie, café, thé, vin, chocolat, cigares... Très raffiné. Café et restaurant.

Elly Seidl (A D3)
→ *Maffeistrasse 1*
Tél. 22 44 34
Lun.-ven. 9h-18h30, sam. 10h-18h
Depuis 1918, les meilleurs pralinés de la ville. Dans un décor enfantin, de délicieux chocolats, bonbons et autres bonheurs sucrés.

Fünf Höfe (A D3)
→ *Entrée Theatinerstrasse*
Galeries commerçantes : 5 passages sur 8 000 m², et 35 magasins chics. Parmi eux, *Beauty spy*, très couru pour ses produits de beauté.

Schuhbecks Gewurze (A E3)
→ *Platzl 4a Tél. 23 24 11 91*
Lun.-sam. 10h-19h
Le magasin d'épices et de condiments du célèbre chef Alfons Schuhbeck : cucurma, piment, sel, cannelle, citronelle... On trouve de tout, en provenance des 4 coins du monde ! Schuhbeck a pris ses quartier sur la placette et y a aussi ouvert un café (Orlando), un glacier et un restaurant gastronomique (Südtiroler Stuben).

Maximilianstrasse (A E3)
L'avenue élégantissime de Munich, où s'alignent les bijoutiers, les galeries d'art, les boutiques de luxe et de haute couture (Versace, Dior, Dolce & Gabbana, etc.).

Altstadt / Viktualienmarkt / Peterskirche

Grouillant et bigarré, Viktualienmarkt, le marché aux victuailles, se tient immuablement depuis le début du XIXe s. autour de son traditionnel arbre de mai. À deux pas, la Peterskirche offre de son clocher un sublime panorama sur les Alpes qui se dessinent au loin les jours où le fœhn chasse les nuages. Jadis réservé aux petites gens, le sud de l'Altstadt dévoile son charme discret le long de la commerciale Sendlinger Strasse jusqu'au Ring et son trafic, dont le tracé suit l'ancien mur d'enceinte. La vie s'y écoule paisiblement, loin du faste des avenues royales du nord de la Vieille Ville.

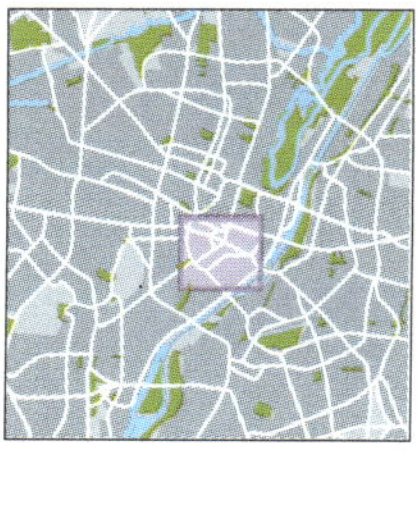

VIKTUALIENMARKT

STADTCAFÉ

RESTAURANTS

Viktualienmarkt (B D2)
→ *Lun.-sam. 7h-19h env.*
Le meilleur endroit de la ville pour un repas sur le pouce : le marché pullule d'*Imbiss* et de petites échoppes. Soupes onctueuses au *Münchner Suppenküche* (de 4 à 5,50€), à accompagner d'un *Brezn* (bretzel). Petits plats et vin blanc au verre au *Poseidon*, marchand de poissons et fruits de mer. Enfin, sur certains stands, on trouve d'excellents jus de fruits frais (orange, ananas, carotte...).

Ocui - Open Cuisine (B B3)
→ *Oberanger 31/33*
Tél. 45 22 60 01
Lun.-ven. 11h-0h, sam. 10h-0h, dim. 12h-22h
Une grande cantine design pour un concept en vogue à Munich : plusieurs cuisines ouvertes et des comptoirs où l'on va commander (au choix : plats asiatiques, pizzas, pâtes, soupes...) avant de s'asseoir à des tables communes. Plat 7-14€.

Prinz Myshkin (B C2)
→ *Hackenstrasse 2*
Tél. 26 55 96 Tlj. 11h-23h
Restaurant végétarien très fréquenté, dans une grande salle claire et aérée. Les produits, frais et sains, se déclinent à la mode italienne, indienne ou asiatique. En dessert, le *wellness* (coupe de glace, yaourt et fruits exotiques) résume bien la philosophie du lieu. Plat 9,50-15,30€.

Zum Alten Markt (B E2)
→ *Dreifaltigkeitsplatz 3*
Tél. 29 99 95 Lun.-sam. 11h30-15h, 18h-22h
Dans un décor de chalet de montagne, une cuisine bavaroise élaborée, et de délicieux poissons d'eau douce. Terrasse paisible, à deux pas du marché. Plat 14-19€.

YUM (B D3)
→ *Utzschneiderstrasse 6*
Tél. 23 23 06 60 Tlj. 18h-0h
Plongée dans une atmosphère sombre, presque mystique, pour mieux savourer les spécialités thaïlandaises. À la carte, 6 ou 7 plats de canard et le *satay gai*, brochettes de poulet à la sauce cacahuète, à faire griller soi-même. Plat 15-20€.

Landersdorfer & Innerhofer (B B2)
→ *Hackenstrasse 6/8*
Tél. 26 01 86 37 Lun.-ven. 12h-13h30, 18h-21h30
Ici, pas de carte, les serveurs annoncent le menu, qui change tous

RES

STIERBLUT

TEA HOUSE

les jours, en fonction de l'humeur du chef et des produits qu'il dégote au marché le matin même. Plats raffinés et service impeccable. Menu unique le soir 62€ (midi 22,50€).

CAFÉS, BARS

Café Frischhut-Schmalznudel (B D2)
→ *Prälat-Zistl-Strasse 8*
Tél. 26 82 37 Tlj. 7h-18h
Sympathique salon de thé, ouvert tôt le matin. Spécialité de *Schmalznudel*, pâtisserie servie chaude, à déguster avec le breuvage maison, le *Haferl Kaffee*.

StadtCafé (B C2)
→ *St.-Jakobs-Platz 1*
Tél. 26 69 49 Tlj. 10h-0h
Un café où l'on pourrait passer des heures à discuter... aussi est-il toujours bondé ! Ambiance très 7e art car le ciné-club est juste à côté. Deux belles terrasses pour dévorer un *Apfelstrudel*.

Sausalitos (B E2)
→ *Tal 16*
Tél. 24 29 54 94 Lun.-sam. 12h-1h, dim. 16h-1h
"Cantina y bar mexicano", repaire de la jeunesse munichoise plein à craquer le soir ! À boire : pichets de margarita et autres boissons à base de tequila. Et pour les petites faims : fajitas, quesadillas, tacos, entre autres spécialités.

Kreuz 16 (B B2)
→ *Kreuzstrasse 16*
Lun.-ven. 11h-1h, sam. 10h-1h, dim. 12h-22h
Musique électronique, lumière tamisée, canapés en cuir et balançoires pendant au plafond... Un bar hype, l'un des rares où l'on se permet encore de fumer à Munich (d'où son surnom, *Raucherclub* !).

Harpers & Queens (B B2)
→ *Sendlinger Strasse 46*
Tél. 0151 58 24 30 99 (portable) Tlj. 19h-1h (2h ven.-sam.) www.harpersandqueens.com
Bar design, enfiévré par ses soirées spéciales : *happy hour* le lun., soul et jazz le mar., house le jeu., groove le dim. DJ aux commandes ven. et sam.

Padres (B C3)
→ *Blumenstrasse 43*
Tél. 26 42 63 Lun.-sam. 19h-3h (4h ven.-sam.)
Ambiance survoltée le week-end. Parmi la longue liste de cocktails détonants, à base de vodka : le *Mozart Colada*, le *Velvel Death*, le *Pears for Tears*, à la poire, ou le *Jellyfish*, à la liqueur de melon.

Havana Club (B F2)
→ *Herrnstrasse 30*
Tél. 29 18 84
Lun.-sam. 18h-1h (3h ven.-sam.), dim. 19h-1h
Un bar "cubain" pour les *aficionados* des ambiances ensoleillées, des mojitos bien tassés, de la salsa et autres *bachata*.

SHOPPING

Stierblut (B B2)
→ *Sendlinger Strasse 35/37*
Tél. 230 873 86 (masculin), 230 873 85 (féminin)
Lun.-sam. 10h-20h
Au "sang du taureau", les *fashion victims* trouveront une mode féminine (n° 35) et masculine (n° 37) sobre et griffée dans un intérieur design. Régulièrement, shows et défilés.

Tea House (B B2)
→ *Sendlinger Strasse 62*
Tél. 26 84 72
Lun.-ven. 10h-19h (20h nov.-déc.), sam. 10h-18h (20h nov.-déc.)
Une petite boutique où flottent des senteurs enchanteresses. Le thé (860 sortes !), soigneusement sélectionné par Werner Merten, vient de Chine, de Birmanie, d'Inde... Belles étagères de thés aromatisés : pain d'épice, mangue, et même *Apfelstrudel* !

Basic (B E2)
→ *Westenriederstrasse 35*
Tél. 242 08 90
Lun.-sam. 8h-20h
Pain, fruits, légumes, mais aussi chocolat, riz, boissons... tous biologiques. Et un rayon santé à l'étage, où l'on peut se faire masser.

GALERIES D'ART

Artothek (B C2)
→ *Rosental 16*
Tél. 23 26 96 35
Mer.-ven. 14h-18h (19h30 jeu.), sam. 9h-13h
À l'honneur, les jeunes peintres et photographes munichois : expositions renouvelées tous les deux ou trois mois. L'Artothek possède un fonds de tableaux qu'elle loue au public à des prix accessibles.

PGM Art worlD (B B2)
→ *Sendlinger Strasse 26*
Tél. 23 23 700
Lun.-sam. 10h-20h
L'art dans tous ses états : reproductions, photographies, posters, à faire encadrer dans l'atelier attenant. Et aussi de vraies toiles d'artistes contemporains, dans la salle au sous-sol.

Le faubourg sud d'Isarvorstadt est plus connu sous le nom de Glockenbach. De la Müllerstrasse au Gärtnerplatz s'alignent restaurants en vogue, boutiques de mode et bars endiablés, temples des nuits de la communauté homosexuelle munichoise. Soudain, autour du vieux cimetière, le quartier se fait résidentiel et le calme reprend ses droits. À l'ouest, Theresienwiese résonne du bruit des *Krüge* qui s'entrechoquent lors de la fête de la Bière. Changement d'atmosphère de l'autre côté de l'Isar, où s'étend l'ancien petit village d'Au, toujours très populaire.

FAUN

FRAUNHOFER

Restaurants

Faun (C E2)
→ *Hans-Sachs-Strasse 17*
Tél. 26 37 98
Lun.-ven. 10h-1h, w.-e. 9h-1h
Dans une vaste salle Art nouveau (1897), une *Kneipe* décontractée, où se retrouvent les gens du quartier. Profiter des menus du midi, très économiques (5,40€). Plat 8-14€.

Fraunhofer (C E2)
→ *Fraunhoferstrasse 9*
Tél. 26 64 60 Tlj. 16h30-1h (ouv. w.-e. 11h mi-oct.-avr.)
Une taverne authentique et conviviale, aux grandes tables de bois. La cour abrite une petite salle de théâtre et un cinéma d'art et d'essai. En soirée, le vieux bar (*Kulisse*) au décor négligé voit s'installer intellectuels et comédiens. Plat 6-16€.

La Vecchia Masseria (C D1)
→ *Mathildenstrasse 3*
Tél. 550 90 90
Tlj. 11h30-23h30
Petit voyage en Italie dans cette *trattoria* haute en couleur, où les serveurs ont tous l'accent. Le sol est jonché des nappes en papier déchirées en menus morceaux ! Produits frais et plats excellents : melon-jambon de Parme, lasagnes... Plat 7-15€.

Wirtshaus in der Au (C F2)
→ *Lilienstrasse 51*
Tél. 448 14 00 Lun.-ven. 17h-1h, w.-e. 10h-1h
Dans le quartier d'Au, un *Wirtshaus* typique et très fréquenté. Spécialités de *Knödel* de toutes les sortes (aux épinards, à la ricotta). La *Schweinshaxe* (jarret de porc) rassasiera même les plus affamés ! Plat 9-19€.

Sushi & Soul (C E2)
→ *Klenzestrasse 71*
Tél. 201 09 92 Tlj. 18h-1h
Le soir, une clientèle jeune et branchée envahit ce restaurant japonais, toujours plein à craquer. Entre 18h et 19h30, *bento* (menu complet dans une boîte laquée traditionnelle) à moitié prix ! Cocktails à base de saké. Plat 11,50-30€.

Cafés, bars

Café am Beethovenplatz (C C1)
→ *Goethestrasse 51*
Tél. 55 29 100 Tlj. 9h-1h
Datant de 1899, le plus ancien café-concert de Munich et le premier night-club de l'après-guerre où se retrouvaient les soldats américains.

AR CLUB

OPTIMAL

BUGS

Concerts tous les soirs : jazz, funk, soul, blues, classique... Beaucoup d'étudiants.

Trachtenvogl (C E2)
→ *Reichenbachstrasse 47*
Tél. 20 15 160 Tlj. 10h-1h (2h30 ven.-sam.)
Un café-lounge où passer à tout moment de la journée : pour un chocolat chaud ou froid (30 choix), pour un cocktail en début de soirée... Les grands sofas invitent à s'y attarder !

Zoozie'z (C D3)
→ *Wittelsbacherstrasse 15*
Tél. 201 00 59
Tlj. 9h-1h (3h ven.-sam.)
Pour prendre un copieux *Frühstück* (petit déjeuner) le matin, un *Milchkaffee* dans la journée, ou un cocktail en soirée. DJ ven. et sam. Certains soirs, danse improvisée sur des rythmes disco et les tubes du moment.

Master's Home (C E2)
→ *Frauenstrasse 11*
Tél. 22 99 09 Tlj. 18h-3h
Dans une cave, l'intérieur reconstitué d'une demeure coloniale, à l'éclairage intimiste. Pour déguster un *master's home* (cocktail maison dont la recette reste secrète), on choisit les tables de la bibliothèque, le lit de la chambre ou la baignoire de la salle de bains !

Die Bank (C E2)
→ *Müllerstrasse 42*
Tél. 23 68 41 71 Dim.-lun. 17h-5h, mar.-jeu. 13h-2h, ven. 13h-5h, sam. 17h-5h
Tout Munich semble passer prendre un verre dans cette ancienne banque, devenue l'un des bars les plus "cools" de la ville. On y joue au flipper, au babyfoot, on s'affale dans les canapés, un *shot* ou une *helles* à la main... À l'étage, petite expo et pizzas pour les faims de nuit.

Ksar Club (C E1)
→ *Müllerstrasse 31*
Tél. 55 29 84 79 Tlj. 20h-3h
www.ksar-barclub.de
Lumière vague, sonorités électroniques... Un des bars préférés des noctambules munichois.

CINÉMA, CONCERTS

Neues Arena (C E2)
→ *Hans-Sachs-Strasse 7*
Tél. 260 32 65
www.arena-kino.de
Loin des gigantesques multiplexes, un adorable cinéma de quartier un rien désuet et aux sièges un peu durs ! Nouveaux films en VO uniquement.

Schlachthof (C C2)
→ *Zenettistrasse 9*
Tél. 72 62 56 20 www.kultur-im-schlachthof.de
Une partie des abattoirs reconvertie en un complexe culturel alternatif : salle de concerts (programmation pop, rock, techno, etc.), théâtre (poésie, one-man-show, cabaret), bars, *Wirtshaus*, *Biergarten*. Lors des soirées à thèmes, la sono bat son plein dans les hangars !

SHOPPING

7. Himmel (C E2)
→ *Hans-Sachs-Strasse 17*
Tél. 26 70 53 Lun.-ven. 11h-19h, sam. 10h-18h
La mode de la jeunesse munichoise, à des prix abordables bien que largement importée (d'Italie, du Danemark...). Boutique de chaussures et de sacs au n° 18.

Optimal (C E2)
→ *Kolosseumstrasse 6*
Tél. 26 81 85 Lun.-ven. 11h-20h, sam. 11h-18h
Le rendez-vous des DJ munichois et des stars de passage depuis 1982. Grand choix de CD et de vinyles d'occasion, mais aussi toutes les nouveautés. Platines à disposition des chineurs, pour écouter avant d'acheter.

Eisenblätter & Triska (C E2)
→ *Hans-Sachs-Strasse 13*
Tél. 260 58 60 Lun.-mar., jeu.-ven. 11h-18h30 ; mer. 14h-18h30 ; sam. 11h-14h
Confectionnés dans l'arrière-boutique par Katarina Eisenblätter et Astrid Triska, des chapeaux pour tous les jours, originaux sans être extravagants. Même celles qui n'en portent jamais succombent !

Bugs (C D1)
→ *Thalkirchner Strasse 1*
Tél. 26 94 99 60 Lun.-ven. 11h-19h30, sam. 11h-16h
Vêtements, chaussures, accessoires, bijoux, et aussi un tas d'objets disparates vraiment inutiles... mais dont on ne saurait se passer !

COIFFEUR

Ulrich Graf (C E2)
→ *Hans-Sachs-Strasse 10*
Tél. 260 70 67 Lun. 13h-17h, mar.-ven. 9h-17h
"Le" coiffeur de Munich, où l'on vient se faire faire une nouvelle tête par la star du ciseau, Ulrich Graf. Distribue les produits de la fameuse ligne de cosmétiques Aveda, 100 % naturels, issus de plantes aromatiques et médicinales.

Haidhausen / Lehel / Bogenhausen

Multiculturel, rendez-vous des artistes et des jeunes alternatifs, Haidhausen regorge d'ateliers, de galeries d'art, de petits commerces et de restaurants asiatiques, turcs ou indiens. Derrière les lignes de chemin de fer retentissent les sonorités techno des nombreuses boîtes de nuit du quartier, véritable royaume des noctambules. En descendant le cours de l'Isar se profile Lehel, à l'ouest, quartier chic aux façades austères à l'ombre de la Vieille Ville, puis Bogenhausen sur la rive droite, à l'atmosphère calme et bourgeoise, où quelques célébrités munichoises habitent les élégantes demeures du XIXe s.

HOFBRÄUKELLER

CAFÉ IM MÜLLER'SCHES VOLKSBAD

RESTAURANTS

Bernard & Bernard (D B4)
→ *Innere Wiener Strasse 32*
Tél. 480 11 73 Tlj. 17h30-0h (sam. 18h30-1h)
Une crêperie française, pour déguster des galettes au roquefort ou à la ratatouille, avec un verre de vin. Crêpes sucrées également. Et pour digérer, cognac ou calvados, tandis que le patron, se charge de mettre un zeste de folklore ! Galette 5-9€.

Hofbräukeller (D B4)
→ *Innere Wiener Strasse 19*
Tél. 459 92 50
Tlj. 10h-0h
Serveurs en costume bavarois, bière *Hofbräu* évidemment, et dégoulinantes *Bratwurst* (saucisses grillées) garnies de choucroute (*Sauerkraut*). Un grand *Biergarten* permet de profiter du soleil en été. Plat 9-14€.

Swagat (D D3)
→ *Prinzregentenplatz 13*
Tél. 47 08 48 44
Tlj. 11h30-14h30, 17h30-1h
Dans un décor kitsch et chargé comme il se doit, une clientèle chic se laisse transporter par les envoûtantes senteurs de l'Inde : poulet tandoori, onctueux lassis et thés très parfumés. Plat 9-20€.

Co-Do (D B5)
→ *Lothringer Strasse 7*
Tél. 448 57 97
Lun.-sam. 18h-0h
Du nom de l'ancienne capitale du Viêt-nam, ce restaurant fleure bon l'Asie : raviolis frits, rouleaux de printemps et alcool de riz dans une salle toute simple... presque comme à Hanoi ! Plat 10,50-16€.

Gandl (D A2)
→ *St.-Anna-Platz 1*
Tél. 29 16 25 25
Lun.-sam. 9h-0h30
Traiteur haut de gamme la journée, restaurant italien pour un repas rapide le midi, Gandl offre le soir une cuisine française raffinée. Cheminée et sièges en osier pour un intérieur très convivial. Plat 10-22€ midi, 19-23€ soir ; menu 18,50€ midi, 38-42€ soir.

CAFÉS, BAR

Mr. Baker's Coffee House (D B4)
→ *Steinstrasse 12*
Tél. 44 11 86 81
Lun.-ven. 8h-18h (16h ven.), sam. 9h-14h
Un agréable parfum embaume ce petit coffee-

FFATWERK

1260 GRAD

WIENER PLATZ MARKT

shop, où l'on vient boire en vitesse une tasse de café, accompagnée d'un muffin ou d'un bagel.

Café im Müller'sches Volksbad (D A4)
→ *Rosenheimer Strasse 1*
Tél. 44 43 92 50
Tlj. 10h-0h
Dans les célèbres bains Art nouveau Müller'sches Volksbad, une chaleureuse *Kneipe* sous de solides voûtes et une belle verrière. Idéal pour un verre ou une salade après quelques longueurs dans la piscine ! Très agréable terrasse en été.

Café Voilà (D B4)
→ *Wörthstrasse 5*
Tél. 489 16 54
Tlj. 8h-1h
Large choix de petits déjeuners pour les lève-tôt et les lève-tard. Toute la journée, c'est un refuge idéal pour regarder s'écouler la vie du quartier.

Bar Muenchen (A F3)
→ *Maximilianstrasse 36*
Tél. 22 90 90
Lun.-ven. 11h30-3h, w.-e. 17h-3h
Réputé pour ses vins, ses 80 sortes de champagnes, mais aussi et surtout pour ses 200 cocktails du monde entier : à chacun d'y trouver son bonheur !

CONCERTS, CLUBS

Muffatwerk (D A4)
→ *Zellstrasse 4*
Tél. 45 87 50 10
www.muffatwerk.de
Une ancienne centrale hydroélectrique de la fin du XIXe s., devenue un centre culturel à la pointe. La Muffathalle, salle de concerts à la programmation éclectique (rock, jazz, groove, latino), présente aussi spectacles divers et rencontres culturelles. À côté, Ampere, le club, alterne entre sessions live et DJ (en fin de semaine). Aussi un café et, en été, des concerts en plein air et un *Biergarten*.

Grafinger, Rosenheimer et Friedenstrasse (D C-D6)
Quartier des clubbers munichois, ces trois rues regorgent de boîtes de nuit. Les vastes espaces industriels ont été investis par des incontournables de la nuit munichoise, comme KultFabrik et Optimolwerke.

KultFabrik
→ *Grafinger Strasse 6*
Tél. 62 83 440
Mar.-dim. à partir de 21h30
www.kultfabrik.de
L'ancienne usine de *Knödel* et ses 100 000 m² de terrain et d'entrepôts désaffectés ont laissé place à un gigantesque complexe de 36 bars et discothèques... et à 200 000 personnes le week-end ! Techno, électro, afro-beat, funk, rock, hip-hop... Un lieu débranché.

Optimolwerke
→ *Friedenstrasse 10*
Tél. 45 06 920
www.optimolwerke.de
Concerts, techno, R'n'b... dans 13 clubs ! Très courus : Drei Türme, Brickhouse ou Harry Klein pour la musique électronique. Dans certains, soirées à thème : *Tropical Fever* au Do Brasil, etc.

THÉÂTRE, CENTRE CULTUREL

Gasteig (D B4)
→ *Rosenheimer Strasse 5*
Tél. 48 09 80
www.gasteig.de
Le grand centre culturel de Munich (1985), siège de l'orchestre philharmonique. Films, expositions, conférences et trois salles de théâtre. Demander le programme !

SHOPPING

1260 Grad (D B5)
→ *Sedanstrasse 27*
Tél. 44 77 06 88
Mar.-ven. 12h-18h30, sam. 11h-14h
Dans son atelier de poterie, Petra Fischer façonne assiettes, tasses, verres, vases et récipients. Belles lignes épurées, couleurs pastel et tons unis. Très bon rapport qualité-prix.

Wiener Platz Markt (D B4)
De petites échoppes proprettes de primeurs, fromagers, charcutiers, etc. Et une curiosité au nord de la place (n° 1) : le plus petit *Biergarten* de la ville, celui du restaurant Huterer.

GALERIE D'ART

Lothringer 13 (D B5)
→ *Lothringer Strasse 13*
Tél. 448 69 61
***Laden** Jeu.-sam. 16h-19h*
***Halle** Mar.-dim. 14h-20h*
www.lothringer13.de
Au *Laden*, œuvres d'art expérimental qui flirtent avec la science et la politique. Rencontres avec les artistes. Dans la *Halle*, vidéos. L'un des lieux les plus audacieux de la ville.

Schwabing / Englischer Garten

Derrière l'université, les antiquaires et les librairies de l'Amalienstrasse et de la Türkenstrasse côtoient les petits cafés où les étudiants refont le monde. Au nord, le mythique quartier de Schwabing n'est plus que l'ombre de lui-même. De ce repaire des écrivains, artistes et intellectuels au début du XXe s., le charme bohème resurgit toutefois à l'écart des restaurants branchés et des bars bondés de la Leopoldstrasse, dont ont fait leur territoire les "Schicki-Micki" (ces "Mickeys chic" un brin m'as-tu-vu). À l'est, les pelouses de l'Englischer Garten sont le lieu de promenade favori des Munichois.

CHINESISCHER TURM

KAISERGARTEN

RESTAURANTS

Mamas Kebab Haus (E C3)
→ *Feilitzstrasse 7*
Tél. 39 26 42 Lun.-sam. 10h-1h (3h ven.-sam.)
De l'avis de certains, le meilleur *Imbiss* turc de Munich. À coup sûr, c'est un bon point de chute après la tournée des bars de Schwabing pour dévorer un kebab ! Menu 6,50€.

News Bar (E B5)
→ *Amalienstrasse 55*
Tél. 28 17 87
Tlj. 9h-1h (2h ven.-sam.)
Un café moderne en face de l'université, pour avaler, à n'importe quelle heure de la journée, une bonne cuisine de *Kneipe* : salades, pâtes, crêpes, omelettes, plats asiatiques ou végétariens. Toujours beaucoup de monde. Plat 4,50-8,90€.

Chinesischer Turm (E C5) **/ Seehaus (E** D3)
→ *Englischer Garten*
Chinesischer Turm
Tél. 38 38 73 20 ***Seehaus***
Tél. 381 61 30 Tlj. 10h-23h (plus tôt en hiver)
Dans l'Englischer Garten, deux *Biergarten* où l'on ne se contente pas de boire : plats traditionnels et bon marché. Au pied de la pagode chinoise, le Chinesischer Turm (7 000 places et un orchestre bavarois... dans la tour), et au bord du lac, le Seehaus (2 500 places et une ambiance plus jeune). Aux self-services : *Sauerkraut, Bratwurst, Leberkäse*... Plat 8-26€.

Kaisergarten (E B3)
→ *Kaiserstrasse 34*
Tél. 34 02 02 03 Tlj. 10h-1h
Avec sa belle salle et son petit *Biergarten*, un restaurant typique pour des mets simples et copieux. En dessert, très consistant *Kaiserschmarrn*. Belle carte d'eaux-de-vie : poire, noix, framboise, prune. Plat 8,50-14,50€.

Bar-Tapas (E B5)
→ *Amalienstrasse 97*
Tél. 39 09 19 Tlj. 16h-1h
Un bar à tapas chaleureux, où l'on passe sa commande devant la vitrine, en notant sur un bout de papier les numéros des tapas désirés. On s'asseoit ensuite pour les déguster avec un bon vin espagnol. Tapas autour de 6€.

Tantris (E C1)
→ *Johann-Fichte-Strasse 7*
Tél. 361 95 90 Mar.-sam. 12h-15h, 18h30-1h
Le décor, kitschissime, n'a pas changé depuis 1971... et pourtant, voici sans doute le plus prestigieux établissement

HNELLER

OFF & CO

ELISABETHPLATZ MARKT

de Munich. Au menu : pigeon fumé au foie gras, écrevisse aux pommes et aux mangues, savarin de pavot à la glace au vin rouge et au sabayon de champagne... Plat 35-48€.

CAFÉS, BARS

Schneller (E B5)
→ *Amalienstrasse 59*
Tél. 28 11 24 Lun.-ven. 7h30-19h, sam. 8h30-14h
Une pâtisserie au charme d'autrefois, vieillotte avec son papier peint à fleurs jauni par les années. Dans la petite arrière-salle un peu sombre, quelques tables pour prendre un café-croissant ou déguster d'exquis gâteaux maison.

Café Reitschule (E C4)
→ *Königinstrasse 34*
Tél. 388 87 60 Tlj. 9h-1h
Plusieurs terrasses, un *Biergarten* et un grill, des *after-work-parties* (jeu.)... pour 1 700 places au total ! Ce café labyrinthe occupe les murs de l'école d'équitation, en lisière de l'Englischer Garten. Cadre bucolique, et vue imprenable sur les élèves et leurs chevaux.

Café Puck (E A5)
→ *Türkenstrasse 33*
Tél. 280 22 80 Tlj. 9h-1h
Étudiants discutant à bâtons rompus, apprentis philosophes plongés dans un livre, professeurs corrigeant des copies et lycéennes se racontant leurs histoires de cœur... Tous se côtoient dans ce petit café décontracté du quartier universitaire. Petits déjeuners servis jusqu'à 18h !

Schelling-Salon (E A5)
→ *Schellingstrasse 54*
Tél. 272 07 88
Jeu.-lun. 10h-1h
Hors du temps et rustique à souhait, un vieux café tenu par la même famille depuis 1872. Au milieu des billards, les mamies papotent autour d'un thé, et les habitués jouent aux cartes ou aux échecs, en buvant leur bière favorite. Des tables de ping-pong dans la cave.

Alter Simpl (E A5)
→ *Türkenstrasse 57*
Tél. 272 30 83
Tlj. 11h-3h (4 ven.-sam.)
Un autre café historique de Schwabing, plus que centenaire, chéri des artistes dans les années 60 et 70. Photos sépia, décor tout en bois et longues tables en chêne massif pour trinquer...

Caffè Florian (E B3)
→ *Hohenzollernstrasse 11*
Tél. 33 66 39
Tlj. 9h-1h (3h ven.-sam.)
www.caffe-florian.de
Le célèbre café de Schwabing, aux accents de St-Germain-des-Prés. Au sous-sol, le bar Coccodrillo, pour des soirées plus animées : musique live (mar. au jeu.), et DJ aux platines (ven. et sam.).

Lardy (E C3)
→ *Leopoldstrasse 49*
Tél. 34 49 49
Lun.-sam. 17h-3h
Tapas et spécialités méditerranéennes en début de soirée, puis cocktails et musique à plein volume, pour une clientèle jeune et dans le coup.

Schwabinger 7 (E C3)
→ *Feilitzstrasse 7*
Tlj. 20h-1h (3h ven.-sam.)
Aussi appelé Schwasi, ou simplement "7", ce bar alternatif fait l'unanimité auprès de toutes les générations. Plafond bas, décoration absente, foule compacte et musique rock, punk ou métal... On s'y autorise même à fumer !

THÉÂTRE

Lustspielhaus (E C3)
→ *Occamstrasse 8*
Tél. 34 49 74
Tlj. ouverture 18h30, spectacle : 20h30
www.lustspielhaus.de
Les one-man-show de ce cabaret allemand très populaire affichent complet tous les soirs ! Dîner avant le spectacle. À deux pas, le *Lach und Schiessgesellschaft*, plus petit, fut une scène mythique des années 50. Pour les germanophones.

SHOPPING

Off & Co (E A3)
→ *Belgradstrasse 5*
Tél. 300 21 53
Lun.-sam. 10h-19h
Un bel échantillonnage de la mode plutôt classique qui plaît à Munich.

Elisabethplatz Markt (E A4)
→ *Lun.-sam.*
Un charmant petit marché de quartier, permanent comme souvent ici, où l'on prend encore le temps de discuter. Parmi les échoppes : fleuristes, boulangers, fromagers, charcutiers, primeurs bios, etc. Quelques spécialités régionales, dont l'excellent vin allemand *Grauen Burgunder*.

Der Franke
→ *Stand n° 23*
Lun.-sam. 8h-18h (14h sam.)
Le temple de la saucisse de Frankfort et de charcuteries de la région, en compagnie de vins blancs et rouges, bières et eaux-de-vie (*Schnaps*)...

Symbole des rêves de grandeur des rois de Bavière, le faubourg de Maxvorstadt déploie places grandioses et pompeux monuments, qui abritent aujourd'hui des musées exceptionnels. Vers le nord-ouest, à l'extrémité de la royale Nymphenburger Strasse, le quartier de Neuhausen, habité depuis le XIVe s., fut absorbé par Munich en 1890. Cosmopolites, ses rues s'éveillent la nuit, avec leur multitude de restaurants, bars et clubs. Plus au nord, elles s'assagissent, les villas se font bourgeoises, et le Schlosskanal prend ses aises, offrant la lointaine perspective du château de Nymphenburg.

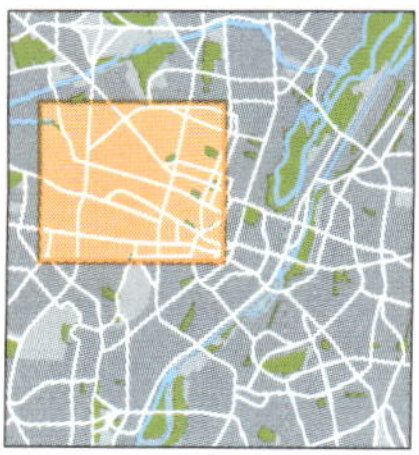

YSENEGGER

PARDI

Restaurants

Ysenegger (F B2)
➔ *Ysenburgstrasse 3*
Tél. 16 27 91
Tlj. 9h-1h (2h ven.-sam.)
Une *Kneipe* sans chichis, où l'on se sent tout simplement bien. Atmosphère familiale, serveurs jeunes et décontractés. Carte variée et quelques tables dehors pour manger au soleil. Plat 5,50-11€.

Bodega Dalí (F F1)
➔ *Tengstrasse 6*
Tél. 27 77 96 96 Tlj. 17h-1h
Dans une cave aux multiples recoins, taverne typiquement espagnole : tapas, gambas, tortillas... Et spécialités catalanes : *fidena* (sorte de paella agrémentée de pâtes et d'aïoli), *chorizo al diablo* (saucisse espagnole flambée). Vins uniquement ibériques. Tapa 5€ env., plat 7-16€.

Pardi (F B2)
➔ *Volkartstrasse 24*
Tél. 13 18 50
Tlj. 9h-1h
Cuisine d'Anatolie aux subtiles influences kurdes. Agréable terrasse pour boire un raki ou un café turc. Plat 7,50-19,50€.

Grosswirt (F A2)
➔ *Volkartstrasse 2*
Tél. 20 20 48 88 Tlj. 11h-0h
Un *Wirtshaus* traditionnel rénové il y a peu : les anciennes tables, polies par les ans et le passage des habitués, ont été remplacées. Mais l'esprit de cette institution du quartier est resté. Excellents plats bavarois, consistants comme il se doit ! Plat 8-15€.

Schmock (F E3)
➔ *Augustenstrasse 52*
Tél. 52 35 05 35
Tlj. 11h-1h (10h w.-e.)
Derrière le bar, un élégant restaurant israélien : classiques taboulé et houmous mais aussi des curiosités, comme la *Mummie*, viande de veau enroulée (comme une momie) de potiron, et servie avec un couscous aux raisins secs et aux dattes. Plat 8,50-30€.

Broeding (F B2)
➔ *Schulstrasse 9*
Tél. 16 42 38
Mar.-sam. 19h-22h
Un établissement qui ravira les fines bouches : le menu de dégustation à 5 ou 6 plats varie chaque jour au gré du marché et de l'inspiration des jeunes patrons amoureux de bonne chère. Généreux vin autrichien. Réservation indispensable. Menu unique à 59€ (64€ avec fromage).

RUFFINI

HERRMANNSDORFER

BRAUSESCHWEIN

GLACIER, CAFÉS, BIERGARTEN

Sarclettis Eis Ecke (F B2)
→ *Nymphenburger Str. 155*
Tél. 15 53 14 Tlj. 9h-23h (20h nov.) Fermé déc.-fév.
Les meilleures glaces de la ville, celles de la famille Sarcletti. Soixante-dix parfums enchanteurs : tous les classiques (chocolat, fraise, vanille...) et quelques autres plus originaux (litchi, campari-orange, cacahuète, rhubarbe, champagne...).

Ruffini (F B1)
→ *Orffstrasse 22/24*
Tél. 16 11 60 Mar.-dim. 10h-0h
Un café écologique, coopératif et artistique, tenu par un collectif de 25 personnes. Sur le toit, une petite terrasse toute simple. Quelques événements culturels (concerts, cabaret, expos) en hiver, lorsqu'il fait trop froid dehors !

Taxisgarten (F A1)
→ *Taxisstrasse 12*
Tél. 15 68 27 Avr.-oct. : tlj. 10h-23h30 Nov.-mar. : ouvert par beau temps
Un grand *Biergarten*, dans une rue calme de Neuhausen. Véritable plongée au cœur de la vie de quartier munichoise : entre amis, en famille, on y vient pour discuter et passer un bon moment, autour d'une *Mass* bien sûr ! Pour les en-cas : énorme plat de *country-potatoes* au guacamole.

Löwenbräukeller (F D3)
→ *Nymphenburger Strasse 2*
Tél. 52 60 21 Tlj. 10h-0h
La seule brasserie de Munich où l'on sert encore une bière brassée en ville (un peu plus haut de l'autre côté de la rue). Le *Brotzeit* (typique pause casse-croûte) idéal : une *Weisswurst* (saucisse blanche) relevée de moutarde sucrée, à avaler avec un *Brezn* frais et une Löwenbräu maison.

BARS, CLUBS

Café Kosmos (F D3)
→ *Dachauer Strasse 7*
Mar.-ven. 12h-1h (et plus), w.-e. 18h-3h (et plus)
Près de la gare, un petit bar sur deux étages, au mobilier suranné à souhait, tout droit sorti d'un living-room des années 70 ou 80 ! Beaucoup de monde et horaires extensibles.

Zentrale (F B1)
→ *Artilleriestrasse 5*
Tél. 18 79 97
Lun.-sam. 18h-0h (2h ven.)
Un sympathique bar de quartier, pour boire une *Weissbier* (bière blanche) au milieu des habitués et d'une jeunesse alternative fuyant les lieux *in* de la ville.

The Big Easy (F A2)
→ *Frundsbergstrasse 46*
Tél. 15 89 02 53
Lun.-sam. 17h-1h, dim. 10h-1h
www.thebigeasy.de
Les sonorités jazz qui parcourent les salles de ce grand bar lui donnent des airs de "Nouvelle-Orléans". Délicieuse cuisine cajun pour les petits creux. Concerts jeu. soir et petits déjeuners jazz dim. et j. fér.

Park Café (F E4)
→ *Sophienstrasse 7*
Tél. 51 61 79 80
Tlj. 11h-1h (3h sam.)
Un lieu atypique et chargé d'histoire, où venaient danser les nazis. Aujourd'hui, le célèbre club a cédé la place à un restaurant-bar (spécialités bavaroises) et un *Biergarten* toujours très prisé. Cocktails et *Happy hour* dès 22h.

Pacha (F F4)
→ *Maximiliansplatz 5*
Tél. 30 90 50 850
Ven.-sam. à partir de 23h
www.pacha-munich.de
L'une des annexes du célèbre club d'Ibiza ! Rythmes house et techno pour une faune chic, très jet-set.

SHOPPING

Herrmannsdorfer (F A2)
→ *Nymphenburger Str. 187*
Tél. 167 93 15 Lun.-sam. 9h-18h30 (13h sam.)
Ici, tous les produits sont biologiques et proviennent d'une ferme située à 60 km de Munich. Dans cette épicerie écologique : fruits et légumes, fromages, charcuterie, ainsi que différents pains au levain.

Himmelblau (F A2)
→ *Nymphenburger Str. 179*
Tél. 16 23 08 Lun.-ven. 10h-13h, 15h-19h ; sam. 10h-15h
Une véritable caverne d'Ali Baba pour équiper sa maison : vaisselle, bougies, pendules, théières et toutes sortes d'objets originaux et amusants, provenant de toute l'Europe.

Brauseschwein (F A2)
→ *Frundsbergstrasse 52*
Tél. 13 95 81 12
Mar.-ven. 10h-13h, 15h-18h30 ; sam. 11h-17h
Le paradis des petits et des grands enfants : jeux rigolos pour apprendre, farces et attrapes, cerfs-volants, jouets anciens, peluches et sucreries, dans un décor de toutes les couleurs.

Schnellbahnnetz
S
U
MVG
S Bahn München DB
Partner im MVV
S1 Freising
S1 S8 Flughafen München Munich Airport
Flughafen Besucherpark
Hallbergmoos
Ismaning
Unterföhring
Johanneskirchen
Englschalking
Daglfing
Berg am Laim
S2 Erding
Altenerding
Aufhausen
St. Koloman
Ottenhofen
Markt Schwaben
Poing
Grub
Heimstetten
Feldkirchen
Riem
Messestadt West
Messestadt Ost
U2
Moosfeld
Trudering
Gronsdorf
Haar
Vaterstetten
Baldham
S6 Zorneding
Eglharting
Kirchseeon
Grafing Bahnhof
Grafing Stadt
Ebersberg
S4
S2 Petershausen
Vierkirchen-Esterhofen
Röhrmoos
Hebertshausen
U2 Feldmoching
Dachau
Dachau Stadt
Bachern
Karlsfeld
Allach
Untermenzing
Obermenzing
A Altomünster
Kleinberghofen
Erdweg
Arnbach
Markt Indersdorf
Niederroth
Schwabhausen
S3 Mammendorf
Malching
Maisach
Gernlinden
Esting
Olching
Gröbenzell
Lochhausen
Langwied
Pasing
Unterschleißheim
Oberschleißheim
Lohhof
Eching
Neufahrn
Pulling
U6 Garching-Forschungszentrum
Garching
Garching-Hochbrück
Fröttmaning
Kieferngarten
Freimann
Studentenstadt
Alte Heide
Nordfriedhof
Dietlindenstr.
Münchner Freiheit
Giselastr.
Universität
Odeonsplatz
Hasenbergl
Dülferstr.
Harthof
Am Hart
Frankfurter Ring
Milbertshofen
Bonner Platz
Scheidplatz
Hohenzollernplatz
Josephsplatz
Theresienstr.
Königsplatz
Moosach
Moosacher St.-Martins-Platz
in Bau
OEZ
U1
U3
Oberwiesenfeld
Olympiazentrum
Petuelring
Georg-Brauchle-Ring
Westfriedhof
Gern
Rotkreuzplatz
Maillingerstr.
Stiglmaierplatz
Arabellapark
U4
Richard-Strauss-Str.
Böhmerwaldplatz
Prinzregentenplatz
Lehel
Max-Weber-Pl.
Laim
Hirschgarten
Donnersbergerbrücke
Hackerbrücke
Hauptbahnhof Central Station
Karlsplatz (Stachus)
Marienplatz City Center
Isartor
Rosenheimer Platz
S1 Ostbahnhof
S27
S20
Leuchtenbergring
Kreillerstr.
Josephsburg
St.-Martin-Str.
Karl-Preis-Platz
Innsbrucker Ring
Michaelibad
Quiddestraße
Neuperlach Zentrum
Therese-Giehse-Allee
Neuperlach Süd
U5
Neubiberg
Ottobrunn
Hohenbrunn
Wächterhof
Höhenkirchen-Siegertsbrunn
Dürrnhaar
Aying
Peiß
Großhelfendorf
Kreuzstraße
S7
Giesing
Perlach
Fasangarten
Fasanenpark
Unterhaching
Taufkirchen
Furth
Deisenhofen
Sauerlach
Otterfing
Holzkirchen
S3
Candidplatz
Wettersteinplatz
St.-Quirin-Platz
Mangfallplatz
U1
Kolumbusplatz
Silberhornstr.
Untersbergstr.
Fraunhoferstr.
Sendlinger Tor
Goetheplatz
Poccistr.
Implerstr.
Brudermühlstr.
Thalkirchen (Tierpark)
Theresienwiese
Schwanthalerhöhe
Heimeranplatz
Harras
Mittersendling
Obersendling
Siemenswerke
Solln
Großhesselohe Isartalbf.
Pullach
Höllriegelskreuth
Buchenhain
Baierbrunn
Hohenschäftlarn
Ebenhausen-Schäftlarn
Icking
Wolfratshausen
S7
Friedenheimer Str.
Westendstr.
Laimer Platz
U5
Westpark
Partnachplatz
Holzapfelkreuth
Haderner Stern
Großhadern
Klinikum Großhadern
U6
Aidenbachstr.
Machtlfinger Str.
Forstenrieder Allee
Basler Str.
Fürstenried West
U3
Westkreuz
Lochham
Gräfelfing
Planegg
Stockdorf
Gauting
Starnberg Nord
Starnberg
Possenhofen
Feldafing
Tutzing
S6
Starnberger See
Neuaubing
Harthaus
Germering-Unterpfaffenhofen
Geisenbrunn
Gilching-Argelsried
Neugilching
Weßling
Steinebach
Seefeld-Hechendorf
Herrsching
S8
Ammersee
Aubing
Leienfelsstr.
Puchheim
Eichenau
Fürstenfeldbruck
Buchenau
Schöngeising
Grafrath
Türkenfeld
Geltendorf
S4
Isar
Zone tarifaire
München XXL
Centre
Banlieue
R Regionalzughalt
© MVV/Stand: Dezember 2009

Tram

Tramnetz München

Munich tram network

MVG U BUS Tram für München

Partner im MVV

UN DES MEILLEURS MOYENS DE TRANSPORT MUNICHOIS

deux types de chambres : les *Rustikana* aux accents contemporains, et les *Alba-rose,* cosy à l'anglaise. Au 7e étage, la suite domine les toits de la ville. 110-120€.

Deutsche Eiche (B D3)
→ *Reichenbachstrasse 13*
Tél. 231 16 60
www.deutsche-eiche.de
Le célèbre hôtel gay de Munich : 27 chambres tout confort, et un sauna où l'on pourra se détendre sans forcément séjourner à l'hôtel. 125€.

130-250€

Advokat (C F1)
→ *Baaderstrasse 1*
Tél. 21 63 10
www.hotel-advokat.de
Ici on se soucie de tout jusqu'aux plus petits détails : un fruit, un chocolat et un petit recueil de poèmes de Goethe sont déposés sur le lit tous les matins. 145-205€.

Hotel am Markt (B D2)
→ *Heiliggeiststrasse 6*
Tél. 22 50 14
www.hotel-am-markt.eu
Juste derrière Viktualienmarkt, un hôtel calme aux chambres sobres, rendez-vous des musiciens de passage : régulièrement, la salle à manger résonne de la mélodie du piano et des belles voix de ténors ou de sopranos. 149€.

Platzl Hotel (B E1)
→ *Sparkassenstrasse 10*
Tél. 23 70 30 www.platzl.de
Une décoration bavaroise raffinée et 167 chambres luxueuses, dans le Munich médiéval, en face de la Hofbräuhaus ! 192-224€.

Hotel Excelsior (F E4)
→ *Schützenstrasse 11*
Tél. 55 13 70
www.geisel-privathotels.de
Un hôtel feutré et luxueux dans le quartier de la gare qui ne l'est pas toujours ! Vastes chambres, salle de remise en forme et facilités pour la garde des petits. 210-310€.

PALACES

Kempinski Vier Jahres-zeiten München (A E3)
→ *Maximilianstrasse 17*
Tél. 212 50 www.kempinski-vierjahreszeiten.com
Dans un sublime édifice de 1854, sur la très chic Maximilianstrasse, l'hôtel le plus fastueux de Munich. Y passer le temps d'un verre au bar de la réception. À partir de 250€.

Hotel Mandarin Oriental (A E4)
→ *Neuturmstrasse 1*
Tél. 29 09 80
www.mandarinoriental.com
Un hôtel de rêve, élégant et prestigieux. Le *must* : la terrasse avec piscine et panorama sur toute la ville ! À partir de 300€.

VÉLO

Adopté par les Munichois, le meilleur mode de transport pour se déplacer sans encombre et découvrir la ville : 1 100 km de pistes cyclables ! Un excellent moyen pour sortir des sentiers battus.

Locations

Radius Bikes (F E4)
→ *Arnulfstrasse 3 (Hauptbahnhof) Tél. 59 61 13 Mi-mars-oct. : tlj. 9h30-18h*
Dans la gare centrale. Prix dégressifs en fonction de la durée, à partir de 14,50€/jour.

Spurwechsel (C F2)
→ *Ohlmüllerstrasse 5 Tél. 692 46 99 Lun.-ven. 9h-18h (avr.-oct. : sam. 9h-14h)*
Locations de vélos (12,5€/jour). Organise des tours de la ville à vélo et des sorties thématiques (autour de la nature, de l'histoire, de la bière).

TAXIS, VOITURES

Taxis
→ *Tél. 216 10 ou 194 10 www.taxi-muenchen.de*
Repérables à leur couleur jaune crème. De nombreuses stations de taxis dans le centre.

Voitures
Dans le centre-ville, circulation dense et places de parking très rares.

PIÉTONS

Attention aux amendes ! Les Munichois respectent les feux rouges et ne traversent pas, même si la voie est libre.

TRAMWAY

TRANSPORTS À LA CARTE

Partner-Tageskarte
→ *Carte 1 j. : 9€*
Carte 3 j. : 21€
Pour voyager, jusqu'à 5 pers., de façon illimitée sur le réseau. Deux enfants de 6 à 14 ans comptent pour un adulte.

City Tour Card
→ *Carte 1 j. : 9,80€*
Carte 3 j. : 18,80€
Aussi cartes pour 5 pers.
En vente à l'office de tourisme et à la gare pour voyager sur le réseau de transports publics (zones 1 à 4) et bénéficier de réductions (jusqu'à 50 %) sur 30 musées, services et attractions touristiques.

80-130€

Hotel Alcron (A E4)
→ *Ledererstrasse 13*
Tél. 228 35 11
www.hotel-alcron.de
Idéales pour séjourner en plein cœur de la Vieille Ville, des chambres standard et impeccables. 80-95€.

Hotel am Gästehaus Englischer garten (E D3)
→ *Liebergesellstrasse 8*
Tél. 383 94 10
www.hotelenglischer garten.de
Une vraie *Gästehaus* (maison d'hôtes), tenue par Roselinde Zankl, qui parle très bien français. 12 chambres joliment aménagées, mais surtout un cadre idyllique, au bord de l'Englischer Garten, et une belle terrasse pour se reposer l'été et écouter le clapotis du ruisseau tout proche. Très champêtre ! Roselinde loue aussi, tout près, des appartements tout équipés. 80-110€.

Uhland (C C1)
→ *Uhlandstrasse 1*
Tél. 54 33 50
www.hotel-uhland.de
Dans une belle demeure ancienne, une ambiance décontractée et familiale. Demander les chambres donnant sur la rue, peu passante ; celles de derrière sont plus bruyantes. 81€.

Hotel am Viktualienmarkt (B D3)
→ *Utzschneiderstrasse 14*
Tél. 231 10 90 www.hotel-am-viktualienmarkt.de
À côté du marché, un hôtel tenu avec enthousiasme et qui ne manque pas de cachet : jolies chambres claires et proprettes. Un petit jardin pour siroter un verre en été, et un bistrot pour le petit déjeuner. 85-109€.

Hotel Nymphenburg (F B2)
→ *Nymphenburger Str. 141*
Tél. 121 59 70
www.hotel-nymphenburg.de
Dans Neuhausen, cet hôtel plutôt classique (3 étoiles) offre quelques chambres étonnamment gaies, aux couleurs vives et éclatantes. 90€.

Hotel St.-Paul (C C1)
→ *St.-Paul-Strasse 7*
Tél. 54 40 78 00
www.hotel-stpaul.de
Chambres lumineuses, avec vue sur un petit jardin dans la cour, ou sur le Theresienwiese et la St.-Paulskirche. Très prisé lors des foires. 92€.

Pension am Gärtnerplatz (B D4)
→ *Klenzestrasse 45*
Tél. 202 51 70
www.pension-gaertnerplatztheater.de
Une pension de famille (10 chambres) extravagante, à l'image de sa propriétaire ! À ne pas manquer : la chambre n° 7 (consacrée à König Ludwig, roi de Bavière), la n° 10 (avec son très romantique ancien lit à baldaquin), et la n° 8 (en hommage à Sissi l'impératrice). La salle de petit déjeuner, kitsch à souhait, vaut aussi le coup d'œil, ne serait-ce que pour son piano de 1780, fierté de la maison. 95€.

Occam Hotel (E C3)
→ *Occamstrasse 7*
Tél. 33 25 11
www.hotel-occam.de
Au cœur du quartier des cabarets et des artistes, 25 chambres consacrées chacune à un peintre célèbre. On peut ainsi choisir entre Klee, Picasso, Kandinsky, Cézanne, Lacroix, Miró... Chaleureux et familial. 95-125€.

Hotel Acanthus (B B3)
→ *An der Hauptfeuerwache 14*
Tél. 23 18 80
www.acanthushotel.de
Un lieu de caractère, et

Les noms des rues et les noms de monuments et de lieux de visite sont classés par ordre alphabétique. Ils sont suivis d'un carroyage, dont la première lettre en gras **(A, B, C...)** indique le quartier et la carte correspondante.

Rues